AUX CITOYENS

REPRESENTANS DU PEUPLE,

COMPOSANT LE CORPS LÉGISLATIF.

CITOYENS LÉGISLATEURS,

NOUS venons réclamer votre justice. On veut nous rendre victimes de la confiance que nous avons eu dans la foi publique. Nous avons acquis des biens nationaux. Nous les possédons depuis plus de deux ans ; nous en avons payé le prix ; plusieurs d'entre nous ont vendus leurs biens patrimoniaux, pour pouvoir acquérir à l'enchère les lots qu'on leur a vendus au nom de la nation. Aujourd'hui, au mépris des lois, au mépris de tout ce qu'il y a de plus sacré sur la terre, on nous dépouille, on nous chasse de nos propriétés, on nous réduits à la misère et au désespoir. C'est ainsi qu'on récompense notre dévouement à la révolution, notre confiance aux promesses nationales, notre soumission aux lois.

Citoyens Législateurs, nous sommes des cultivateurs simples et pauvres. Nous travaillons presque tous de nos propres mains le morceau de terre que la nation nous a vendu. Un arrêté du département de la Gironde nous en a dépouillés. Cet arrêté est injuste, illégal, contraire à tous les principes. Nous vous en demandons la cassation.

Hâtez-vous, citoyens Législateurs, de venir à notre secours. Des huissiers sont en ce moment dans nos chaumières ; ils en brisent les portes, chassent nos femmes et nos enfans de leur asile......!

A

FAITS.

Bonnefon, émigré, laissa des biens qui furent séquestrés en 1792.

En Germinal an 2, le district de Bordeaux publia par des affiches, la vente aux enchères de divers biens appartenans à Bonnefon, émigré. On les avoit divisés en un certain nombre de lots.

Nous nous présentâmes aux jours indiqués. On nous adjugea les lots, qui, depuis lors, ont formé notre propriété. Nous en payâmes le prix.

Le 28 Messidor dernier, la citoyenne Angélique Bonnefon, épouse de Bonnefon, émigré, nous fit signifier : 1°. Une lettre qui paroît écrite le 28 Germinal dernier, par le ministre des finances, aux administrateurs du département de la Gironde. 2°. Un arrêté de ce département, en date du 17 Floréal dernier. 3°. Un autre arrêté du 12 Messidor dernier.

Elle nous somma, en même temps, de lui délaisser les biens dont nous étions légitimes propriétaires, et de lui en restituer les fruits.

Aussitôt, elle nous fit citer au bureau de paix, pour le lendemain 29 Messidor.

Le 8 Thermidor, elle nous fit assigner à comparoître devant le tribunal civil de la Gironde, pour être condamnés à délaisser nos propriétés, en exécution des arrêtés du département.

Enfin, le 4 Fructidor, le tribunal civil pensant qu'il n'avoit que le pouvoir de faire exécuter les arrêtés du département, et non celui de les réformer, nous a condamnés à abandonner nos biens. Il a plus fait encore : il a ordonné que son jugement seroit exécuté provisoirement, et nonobstant appel.

(3)

Nous pensions, citoyens Législateurs, que des propriétaires étoient, aujourd'hui, à l'abri d'être dépouillés de leurs biens par des menées secrettes, par des arrêtés arbitraires. Nous pensions qu'aucun citoyen ne pouvoit être condamné, sur une action purement civile, sans être entendu, ou tout au moins appelé pour se défendre. Mais nous nous trompions : tandis que nous arrosions de nos sueurs le sol que la nation nous a vendu, on agissoit loin de nous et en secret. On obtenoit des lettres du ministre, des arrêtés du département; et nous n'avons appris les démarches de la citoyenne Bonnefon, que lors qe notre s poliation a été achevée.

Si cette forme inouie de procédure pouvoit être consacrée par les lois actuelles, il faut avouer que les Français seroient bien malheureux. Quoi ! nous sommes obligés de faire assigner l'homme qui nous doit la somme la plus modique, de soumettre la justice de notre demande à la décision des tribunaux ; et on pourra nous dépouiller de tout ce que nous possédons, sans même que nous ayons su qu'on ait eu l'intention de nous attaquer ! Quoi ! il dépendra du premier venu de porter à son voisin des coups d'autant plus meurtriers, qu'il n'aura pu les prévoir ni se défendre ! et c'est dans un pays l bre, c'est dans une république triomphante des despotes que se passent de semblables faits !

Que le département statue sur les différends d'administration, qu'il statue sur les discussions qui peuvent s'élever à ce sujet, entre la nation et des individus, il ne fera que ce qu'il a le droit de faire ; mais il n'a pas reçu celui de statuer sur les discussions qui existent entre des particuliers. Tout ce qui est litigieux lui est interdit. Alors, s'il prend des arrêtés, ils sont nuls : s'il donne des ordres, ils sont arbitraires : s'il prononce sur des différends, il viole la loi.

Tels est, citoyens Législateurs, le cas où nous nous trouvons.

Nous avons acquis de bonne-foi. La citoyenne Bonnefon a prétendu que notre acquisition étoit nulle ; elle a prétendu que nous devions être dépouillés de ce que nous avons acheté. La nation étoit passive dans l'action réelle que la citoyenne Bonnefon vouloit exercer contre nous. Si notre acquisition étoit valable, la citoyenne Bonnefon étoit créancière de la nation, pour ses droits ; si elle étoit nulle, nous devenions créanciers de la nation, pour nos débours.

Peu importoit à la nation qu'elle eût à payer la citoyenne Bonnefon ou nous. Son rôle étoit donc passif. Donc il s'agissoit d'un différent entre des citoyens, d'un objet privé, d'un litige ; donc l'administration étoit incompétente ; donc elle n'a pas pu s'emparer des fonctions judiciaires, et rendre contre nous un jugement que l'ancien régime lui-même n'auroit pu tolérer.

Vous n'hésiterez donc pas, citoyens Législateurs, à casser les arrêtés du département de la Gironde, et à ordonner que nous serons réintégrés dans nos propriétés, sauf à la citoyenne Bonnefon à nous poursuivre, si elle l'ose, par les voies légales.

Voilà tout ce que nous demandons, bien sûrs que jamais on n'osera nous poursuivre devant les tribunaux, ou du moins qu'on ne pourra leur persuader de violer les lois que nous mettrons sous leurs yeux.

Après avoir démontré l'illégalité des arrêtés du département de la Gironde, nous devons en prouver l'injustice.

Les biens de Bonnefon, émigré, sont séquestrés en 1792.

Son épouse se pourvoit auprès du district de Bordeaux, soit à raison de ses droits dotaux, soit à raison de la société d'acquêts.

(5)

Le 4 Février 1793, un arrêté du district déclare la citoyenne Bonnefon créancière sur les biens de son mari : 1°. De la somme de 30,000 livres qui avoient été payées sur sa dot. 2°. De 500 liv. pour gain de survie. 3°. De 500 liv. pour bagues et joyaux. Cet arrêté porte ensuite qu'il sera procédé par des experts à la liquidation des dettes actives et passives de Pierre Bonnefon , pour fixer et déterminer la consistance des acquêts s'ils y en a.

Il ne paroît pas que la citoyenne Bonnefon ait fait aucune démarche en exécution de cet arrêté.

La loi du 13 Septembre 1793 parut. L'article 9 imposoit à la citoyenne Bonnefon l'obligation de se présenter de nouveau au district dans le délai d'un mois. Cette obligation étoit d'autant plus expresse que les administrateurs étoient totalement changés, et que la loi du 13 Septembre 1793 contenoit des dispositions absolument nouvelles.

La citoyenne Bonnefon ne se présenta point. Elle garda le silence. Tous les bureaux étoient bouleversés ; des décrets, qu'on oubliera jamais à Bordeaux , annulloient tous les actes des autorités constituées. Depuis le 6 Août , de nouveaux individus composoient les autorités. Le silence de la citoyenne Bonnefon dût nécessairement leur persuader qu'elle n'avoit aucun droit de co-propriété dans les immeubles sequestrés au préjudice de Bonnefon, émigré.

Ce n'est pas tout : on annonce publiquement la vente des des biens ; on pose des affiches partout ; on remplit toutes les formes. Les ventes durèrent plusieurs mois. Il dépendoit de la citoyenne Bonnefon de faire connoître ses droits, de réclamer contre la vente de la totalité des biens , d'éclairer les administrateurs ; et elle garde le plus profond silence.

Nous nous présentons pour acquérir, sur la foi publique,

des biens qui se vendent au nom de la nation. Nous mettons des enchères, et ces biens nous sont adjugés, aux uns en Germinal, aux autres en Prairial an 2, et à d'autres encore le 21 Brumaire an 3.

Certes, la citoyenne Bonnefon ne pourra pas justifier son silence sur les dernières ventes, en disant que la terreur l'empêchoit de paroître.

Devenus propriétaires, nous payons le prix de notre acquisition ; nous y transportons notre résidence ; nous prodiguons nos soins et nos travaux.

Si nous avions pû avoir quelque inquétude, sur la sureté de nos acquisitions, la loi du premier Floréal an 3 l'auroit fait évanouir. Cette loi contient un titre exprès sur *la liquidation des droits des épouses d'émigrés.*

Les législateurs prévoyant que dans les temps de tumulte et de confusion dont on sortoit, il avoit pu se commettre des erreurs, des inadvertances, ne voulurent pas que les acquéreurs de bonne-foi en fussent les victimes. Tel est le but de l'article 60 de la loi du premier Floréal an 3, voici les termes de cet article et de celui qui les précède :

Article 59. " Les biens meubles et immeubles de la com-
" munauté seront partagés ou vendus, comme les autres
" biens indivis avec les émigrés ".

Article 60. " *Les ventes, qui ont pu être faites jusqu'à*
" *présent, de ces sortes de biens, sont maintenues,* sauf
" les droits des femmes à la portion qui les concerne,
" *tant dans le prix desdites ventes,* que dans les
" produits des biens perçus par les receveurs des revenus
" nationaux etc. "

Certes, il est impossible qu'il existe une loi plus précise, plus exprèse en notre faveur.

Ce n'est pas tout encore : il semble, que les législateurs ont craint qu'il ne restât quelque doute sur la ferme intention qu'ils avoient de maintenir irrévocablement toutes les ventes de biens indivis déjà effectuées. Ils n'avoient parlé dans l'article 60, que des biens dont les femmes étoient co-propriétaires, en vertu de la communauté ou de la société d'acquêts. Ils ont généralisé cette disposition par l'article 109 de la même loi. En voici les termes :

« *Les ventes des biens indivis déjà effectuées, seront*
» *maintenues, ainsi que les clauses de ces mêmes ventes;*
» néanmoins, les co-propriétaires seront payés de leur
» portion en assignats, par le receveur des revenus natio-
» naux, aux époques où les acquéreurs feront leur verse-
» mens, sur le mandat des directoires de district. Pourront
» cependant lesdits co-propriétaires, être payés de suite,
» selon leur option, en reconnoissances admissibles en
» payement de biens nationaux ».

Enfin la constitution elle-même assuroit et garantissoit notre propriété. L'article 374 s'exprime à cet égard dans les termes les plus formels :

« La nation française proclame comme garantie de la foi
» publique, qu'après une adjudication *légalement* consommée
» de biens nationaux, *quelle qu'en soit l'origine,* l'acqué-
» reur légitime ne peut en être dépossédé, sauf aux tiers
» réclamans à être, s'il y a lieu, indemnisés par le trésor
» national ».

L'article 358 garantit encore *l'inviolabilité de toutes les propriétes.*

Nous étions acquéreurs légitimes, puisque nous nous sommes présentés de bonne-foi aux enchères publiques, et qu'on nous a adjugés les portions de biens que nous occupons. L'adjudication a été légalement consommée, puisqu'elle a été précédée des affiches et de toutes les formalités prescrites par les lois. Si même il existoit quelque louche, quelque erreur, tout a été couvert par la loi du premier Floréal an 3, antérieure à la constitution.

Et cependant, on nous dépouille! On nous chasse de nos propriétés! On en brise les portes! Nos femmes et nos enfans n'auront plus que les chemins pour asile, que leurs larmes pour propriétés! Quoi! toutes les lois se réunissent en notre faveur, et le ministre des finances et le département de la Gironde ont pu les méconnoître à notre égard d'une manière aussi cruelle!

Diroit-on, comme eux, que le mot *légalement* inséré dans l'article 374 de l'acte constitutionel, laisse à leur direction les propriétés de tous les acquéreurs de biens nationaux? Diroit-on qu'il leur suffit de déclarer que telle ou telle vente a été *illégalement* faite, pour qu'ils ayent la faculté de l'annuller? Mais nous dirions à notre tour : 1°. Que jamais on n'a voulu donner, aux administrateurs, des pouvoirs aussi dangereux. 2°. Que le mot *légalement*, inséré dans l'article 374 de l'acte constitutionel, ne s'applique qu'aux formalités prescrites pour la vente, c'est-à-dire, aux affiches aux enchères, au mode d'adjudication. Or, ici on n'a rien à dire sur les formes qui ont précédé et opéré les adjudications faites en notre faveur.

Diroit-on, comme le ministre des finances et le département, qu'il faut interpréter, expliquer les articles 60 et 109, de la loi du premier Floréal an 3? Diroit-on, comme eux, qu'il faut distinguer le cas où la femme commune avoit déjà fait connoître sa propriété, d'avec celui où elle avoit gardé le silence? Mais nous dirions à notre tour :

1°. Que là où la loi ne distingue pas, personne ne peut établir de distinction.

2°. Que la citoyenne Bonnefon a gardé le plus profond silence après la loi du 13 Septembre 1793, quoique l'article 9 lui imposât l'obligation de faire connoître sa co-propriété dans le délai d'un mois.

3°. Qu'il a dépendu de la citoyenne Bonnefon de former opposition à des ventes publiquement annoncées, à des ventes qui ont eu lieu pendant l'espace de plusieurs mois, et qu'elle a gardé le plus profond silence. Si cette conduite ne portoit pas avec elle seule la condamnation de la citoyenne Bonnefon, au moins on ne peut disconvenir qu'elle devoit induire à erreur, soit les administrateurs, soit les acquéreurs de bonne-foi. Et la citoyenne Bonnefon voudroit nous rendre victimes d'une erreur occasionnée par elle-même, d'une erreur qui seroit son propre ouvrage.....!

4°. Que les termes des articles 60 et 109 de la loi du premier floréal an 3 sont trop exprès pour que leur sens soit susceptible d'interprétation ou de distinction.

« Les ventes qui ont pu être faites, *jusqu'à présent*, » de ces sortes de biens, SONT MAINTENUES... ».
Voilà les termes de l'article 60.

« Les ventes des biens indivis déjà effectuées *seront main-* » *tenues*, ainsi que les clauses de ces mêmes ventes ».
Voilà les termes de l'article 109.

Laissent-ils quelque doute ? Peuvent-ils donner lieu à quelque interprétation ? A-t-on pu nous dépouiller des propriétés qu'ils nous assuroient irrévocablement ? Qu'importe que la citoyenne Bonnefon ait fait connoître sa co-propriété en Janvier ou Février 1793 ! La loi n'a-t-elle pas voulu expressément que nos adjudications fussent maintenues ? A-t-elle distingué aucun cas où ce maintien n'auroit pas lieu ? Le ministre et le département de la Gironde ont-ils pu substituer leurs volontés particulières à celle de la loi ? En vérité, tout ce qui vient de se passer à notre égard nous paroît un songe funeste ; nous ne pouvons nous persuader que ce soit une réalité.

Eh bien ! il existe quelque chose de plus étonnant encore.

A notre insçu, la citoyenne Bonnefon demande et obtient le 17 Floréal dernier un arrêté qui annulle les ventes qui nous ont été consenties, attendu qu'elle étoit co-propriétaire des biens vendus.

A notre insçu, et sans que nous connussions cet arrêté, la citoyenne Bonnefon soumissionna la portion de biens prétendue appartenir encore à Bonnefon, émigré. Par arrêté du 12 Messidor, cette portion de biens lui est vendue, et elle se trouve aujourd'hui seule propriétaire de tous les biens que nous avons acquis, que nous avons payés, et dont la nation a perçu le prix.

1°. Quand il seroit vrai qu'on auroit pu statuer à notre insçu sur le sort d'une propriété qui nous appartient ; quand il seroit vrai que la citoyenne Bonnefon eût le droit de revendiquer sa portion d'acquêts en nature ; au moins on conviendra aussi qu'elle ne pouvoit pas revendiquer la portion d'acquêts appartenante à Bonnefon, émigré. Cette portion formoit un bien national. Nous en étions acquéreurs. On ne pouvoit donc annuller les ventes que jusqu'à concurrence des droits de la citoyenne Bonnefon. Mais elles étoient nécessairement valables pour les droits qui appartenoient à la nation, droits que nous avions acquis et dont nous avions payé le prix.

2°. Nous allons plus loin encore : supposons qu'on ne pouvoit se dispenser d'annuller les ventes en totalité. Mais il est alors évident , qu'en qualité de créanciers pour le prix d'achat , pour nos débours et dépenses postérieurs , pour les frais de culture de toute l'année , nous aurions eu le plus grand intérêt à soumissionner la portion des biens appartenante à Bonnefon , émigré. Le paiement de cette portion de biens étoit déjà fait par nous à l'avance , et nous serions encore demeurés créanciers de la nation.

Eh bien ! la citoyenne Bonnefon ne nous a appris qu'elle avoit fait annuller les ventes de nos propriétés , même pour la moitié purement nationale , qu'en nous apprenant qu'elle avoit soumissionné cette portion , et qu'on la lui avoit déjà adjugée.

3°. Le citoyen Fabre , l'un de nous , ayant entendu dire que la citoyenne Bonnefon avoit soumissionné les biens dont il avoit acquis une partie , s'empressa de faire signifier aux membres du département de la Gironde , un acte par lequel il s'opposoit formellement à ce que le département consentît aucune vente à la citoyenne Bonnefon.

Cet acte fut signifié le 2 Messidor ; il est joint à nos pièces ; il devoit nécessairement arrêter le département. On ne pouvoit au moins se dispenser de statuer préalablement sur cette opposition. Et pourtant rien de tout cela n'a eu lieu....

Nous ne savons ce qui vous étonnera davantage , ou de la conduite de la citoyenne Bonnefon , qui soumissionne ce que nous avions acquis , ce dont nous nous regardions justement encore comme propriétaire , et que , par conséquent , ni nous ni personne ne pouvoit soumissionner ; ou de la conduite du département qui accueille une soumission aussi étrange , et qui vend , à notre insçu , au nom de la nation , ce qui nous avoit été déjà vendu publiquement , et ce dont nous avions payé le prix à la nation.

Il est bien certain que si un particulier faisoit ce qu'on a voulu faire au nom de la nation, il seroit poursuivi comme stellionataire.

Enfin, on nous chasse de nos propriétés au moment de la récolte. Nous avons fait tous les frais de culture, et c'est la citoyenne Bonnefon qui recueille les fruits de nos sueurs.

Voilà, citoyens Législateurs, des preuves certaines de l'injustice des arrêtés que nous attaquons. Nous implorons votre justice. Vous ne nous la refuserez point. En cassant les arrêtés du département de la Gironde, vous ordonnerez que nous serons réintégrés dans nos propriétés, sans préjudice de nous pourvoir devant les tribunaux contre la citoyenne Bonnefon, pour obtenir les dommages et intérêts qui nous sont dus, à raison de l'inouie persécution qui a pésée sur nos têtes.

SALUT ET RESPECT,

Signés, Jean Labat ; Fabre ; Timbal, jeune ; E. Blanc ; Fayet ; Vache ; Bret ; Jean Riviere ; Hautefaye, fils aîné ; Fonfred ; Saint-Marc ; Leude, &c., &c., &c.

De l'Imprimerie de VALADE, rue J.-J. Rousseau, n°. 12 et 351, vis-à-vis la poste aux lettres.

9 782019 302948